De la petite taupe
qui voulait savoir
qui lui avait fait sur la tête

Werner Holzwarth / Wolf Erlbruch

De la petite taupe
qui voulait savoir
qui lui avait fait sur la tête

MILAN
jeunesse

Comme tous les soirs, la petite taupe sortit de terre son museau pointu, histoire de voir si le soleil avait disparu. Et voici ce qui arriva.

C'était rond et marron, aussi long qu'une saucisse, et le plus horrible fut que ça lui tomba exactement sur la tête, sploutsch!

-Mais c'est dégoûtant !
rouspéta la petite taupe.
Qui a osé faire
sur ma tête ?
(Évidemment, personne
ne répondit.)

-Dis donc, le pigeon !
glapit-elle. Est-ce toi
qui m'as fait
sur la tête ?

- Mais non, voyons !
Moi, je fais comme ça !

Et splatschh! un pâté
laiteux vint s'écraser juste
devant la petite taupe,
et moucheta de blanc
son pied droit.

-Holà! Le lièvre!
Est-ce toi qui m'as fait
sur la tête?

Mais non, voyons !
Moi, je fais comme ça !

Et clang-di-clang-di-clang !
une série de berlingots
couleur chocolat dégringolèrent
sur la prairie.
La petite taupe leur trouva
un air fort gracieux.

-Réponds, la vache!
Est-ce toi qui m'as fait
sur la tête?

-Mais non, voyons !
Moi, je fais
comme ça !

(Et vlouf ! il envoya un paquet
brun et mou derrière lui.
Beuark ! La petite taupe dut
se boucher le nez.

-Hep, vous ! Est-ce... ? commença la petite taupe. Mais il n'y avait là que deux grosses mouches noires, qui faisaient bombance. Le genre de personnes imbattables sur le sujet.

-Qui a bien pu me faire sur la tête, mesdemoiselles ? demanda-t-elle.

Les deux mouches
n'hésitèrent
pas longtemps.
-Aucun doute,
ma chère, c'est
un chien.

Cette fois, la petite taupe le tenait, le gros malpropre qui avait fait sur sa tête :

Jean-Henri,
le chien du boucher !
(Sa vengeance allait être terrible !)

D'un bond, la petite taupe sauta sur la niche de Jean-Henri...

(Et pling ! une minuscule cacahuète noire atterrit entre les oreilles du cabot répugnant.)

Voilà ! Justice était faite ! Radieuse,
la petite taupe s'enfonça à nouveau
dans les entrailles de la terre, là où,
assurément, personne au monde
ne pouvait lui faire sur la tête.

Titre original : ***Vom kleinen Maulwurf, der wissen wollte, wer ihm auf den Kopf gemacht hat***
Adapté de l'allemand par Rozenn Destouches et Gérard Moncomble.

Première édition :
© 1989 Peter Hammer Verlag GmbH, Wuppertal, Germany
Édition française : © 1993 Éditions Milan
300, rue Léon-Joulin, 31101 Toulouse Cedex 9 – France
Pour la présente édition :
© 1997 Peter Hammer Verlag GmbH
© 2005 Éditions Milan

Dépôt légal : 3ᵉ trimestre 2008
ISBN : 978.2.84113.803.6
Imprimé en Belgique par Proost